AF591911

ANARCHIE SOCIALE

OU

LA LOI DU PLUS FORT

PAR

JULES TRIBOUT

ANCIEN RÉDACTEUR DU PEUPLE CONSTITUANT.

La raison du plus fort est toujours la meilleure.
LAFONTAINE.

PRIX : 20 CENTIMES.

PARIS
A LA PROPAGANDE DÉMOCRATIQUE ET SOCIALE
1, RUE DES BONS-ENFANTS.
1849

ANARCHIE SOCIALE

OU LA

LOI DU PLUS FORT

PAR

JULES TRIBOUT

ANCIEN RÉDACTEUR DU PEUPLE CONSTITUANT.

La raison du plus fort est toujours la meilleure.

LA FONTAINE.

PRIX : 20 CENTIMES.

PARIS

A LA PROPAGANDE DÉMOCRATIQUE ET SOCIALE

1, RUE DES BONS-ENFANTS.

1849

ANARCHIE SOCIALE

OU LA

LOI DU PLUS FORT.

I

L'OUVRIER : Monsieur, je vous demande une augmentation de salaire.

LE MAÎTRE : Impossible.

L'OUVRIER : Mais, Monsieur, comment voulez-vous que je fasse vivre ma femme et mes enfants avec 2 francs? Toute ma journée étant employée pour vous, je ne puis consacrer un seul instant à un autre travail. Nous n'avons aucune ressource.

LE MAÎTRE : Je vous répète que cela m'est impossible. Je ne puis me ruiner pour vous. Au surplus, je vous fais gagner votre vie, vous avez tort de vous plaindre.

L'OUVRIER : Permettez... si vous me faites gagner ma vie, je vous fais aussi bien gagner la vôtre. Vous me donnez de quoi soutenir la vie du corps; autrement je ne pourrais travailler pour vous; c'est fort bien; mais quand je vous ai donné le produit de mon travail d'une journée, et que j'en ai reçu le salaire, sommes-nous quittes? M'avez-vous appelé à compter avec vous pour savoir lequel de nous a donné à l'autre plus qu'il n'en a reçu?

LE MAÎTRE : Jamais ouvrier ne s'est permis de me parler ainsi.

L'OUVRIER : Est-ce juste ou non? Je tiens à répondre à ce que vous venez de me dire, et c'est bien simple. La matière première que vous me faites manipuler reçoit par mon travail un surcroît de valeur; si mon salaire n'est pas équivalent à cette plus-value, je dis que vous recevez de moi plus que je ne reçois de vous, et qu'il n'est pas exact de dire que vous me faites gagner ma vie.

LE MAÎTRE : Ce que vous dites là est séditieux et entaché de socialisme. On voit que vous avez eu le tort de vous laisser entraîner par ces *doctrines subversives* avec lesquelles on *égare le peuple* aujourd'hui. — On devrait bien *en finir* avec ces *folles utopies* et ces *théories sauvages*, qui ne sont bonnes qu'à irriter *les masses*.

Mais laissons ces choses qui sont hors de votre portée et qu'un ouvrier ne doit pas discuter. — Parlons raison. — Comme on fait son lit on se couche. La convention qui est intervenue entre nous porte que vous travaillerez pour moi toute la journée et que vous recevrez en échange 2 francs. C'est bien cela, n'est-ce pas? Si j'augmentais votre salaire, il en résulterait pour moi un préjudice qu'il ne me convient point de supporter. Je ne suis pas obligé de vous donner de l'ouvrage; si je le fais, c'est aux conditions que je vous dis. C'est à prendre ou à laisser : vous êtes libre.

L'OUVRIER : J'userai de ma liberté; je n'accepte point.

LE MAÎTRE : Je m'en passerai. Il ne manque pas d'ouvriers qui viendront s'offrir.

L'OUVRIER : Mais s'il n'en vient point?

LE MAÎTRE : Il en viendra, soyez tranquille. Au pis aller, j'attendrai un mois, deux mois, une année, s'il le faut. J'ai de l'argent, du crédit, je vivrai toujours.

L'OUVRIER : Mais moi, qui n'ai rien, je mourrai de faim en attendant. Quand je vais rentrer à la maison, je verrai ma femme en pleurs, mes enfants criant la faim, et rien dans la huche...

LE MAÎTRE : Acceptez mes conditions. Oubliez vos rêveries, et sachez moi gré de ne pas réduire à 30 sous votre journée, puisque vous serez forcé d'en passer par là.

Voilà le contrat qui intervient partout entre le maître et l'ouvrier. Contrat léonin, immoral, nul en principe. Qu'est-ce qui fait la légitimité d'un contrat, sinon la liberté absolue des deux contractants? Or, l'ouvrier ici est-il libre? peut-il opposer ses prétentions à celles qu'on lui impose? Dans la lutte d'intérêts qui précède et prépare tout contrat synallagmatique, peut-il prendre le temps de calculer, peser, attendre que son adversaire se décide? La partie est-elle égale? Quand la famine est à la maison et que la faim talonne, on lui dit : Voilà nos conditions, refuse ou accepte, tu es libre. Libre! oui, de mourir de faim.

Vive la liberté!

Ce que je viens de dire ne peut être contredit par personne. On peut l'expliquer par des raisons plus ou moins spécieuses, par la nécessité, etc; mais le nier est impossible. C'est donc un point bien établi. Il est incontestable que la population ouvrière, n'étant pas libre de poser les conditions de son travail en balance avec celles qu'on lui fait subir, vit, non selon *le droit*, mais selon le *bon plaisir* de ceux qui lui fournissent le travail.

Est-ce un procès que je viens faire ici à ceux qui emploient les ouvriers? Non, et Dieu me préserve d'exciter la haine et d'irriter des plaies déjà trop vives! Mais celui qui cherche le remède au mal ne doit pas craindre de mettre à nu la plaie. Dans notre monde de concurrence, où chacun suit, à son corps défendant, la ligne qu'il s'est tracée, si l'industriel n'imposait sa loi à l'ouvrier, si la modicité des salaires ne lui permettait de livrer à bas prix ses marchandises, comment pourrait-il soutenir la lutte? Cette loi qu'il impose en bas, elle lui est — la même — imposée en haut. Que fait-il? il se sert des armes que la société lui donne. Il ne veut pas périr, il est dans son droit.

Qui impose cette loi à l'industriel, au commerçant? le consommateur. Car du plus ou du moins de consommation dépend la ruine ou la prospérité de l'industrie. Maintenant, arrêtez ce rentier qui passe à pied, et demandez-lui pourquoi il ne consomme plus, pourquoi il ne va plus en cabriolet, pourquoi sa mise est négligée, etc. Il vous répondra : qu'il a peur, qu'il veut conserver son argent dont il peut avoir besoin plus tard. Qui sait ce qui arrivera? La rente a baissé. Une bande de vauriens a chanté *Des Lampions* et *Vive Barbès!* à la porte Saint-Denis. On a battu le rappel, etc.; et si vous essayez de discuter avec lui, il vous répondra qu'il est libre de dépenser ou de resserrer son argent. Qu'avez-vous à dire? il est dans son droit.

Non-seulement il est dans son droit, mais il agit sagement;

nul ne peut le blâmer ; se conduire autrement serait une imprudence. Et pourtant, il ruine le commerce et l'industrie, et va condamner des populations entières à la misère la plus affreuse.

Il est dans son *droit*. Je me sers à dessein de cette expression. Quel est donc ce droit qui se dresse en face de la justice et lutte contre elle avec tant d'avantage? Hélas! c'est le droit de légitime défense. Droit de la guerre où il faut être le plus fort pour n'être pas le plus faible; le tyran pour n'être pas l'esclave, où il faut tuer pour ne pas périr.

Quesi fait brebis, le loup le mange, a dit la vieille et triste sagesse des nations. Réprimons la révolte de notre cœur, et soyons le loup, si c'est possible.

Ajournons les réflexions. Mon but est de démontrer que la société est gouvernée par le bon plaisir. Si j'ai commencé par l'ouvrier, c'est que ce monde de parias courbés sous une loi fatale m'intéresse particulièrement. Mais ce n'est pas des misères de telle ou telle fraction de la population, c'est de la société tout entière qu'il s'agit. Ce que j'attaque, c'est l'arbitraire, l'injustice, le caprice, le bon plaisir, dominant depuis le haut jusques en bas tout le corps social.

Citons rapidement quelques exemples.

L'industriel, le commerçant, trompé dans ses prévisions de vente, de bénéfices, a besoin d'argent. Il s'adresse à un banquier, au Comptoir national, à la Banque de France, etc., établissements paternels, destinés à venir en aide au commerce. On lui refuse le secours qu'il demande. Pourquoi? Parce que...

L'établissement paternel n'est tenu à autre explication. Il pouvait accorder, il refuse... Il est dans son droit.

Peut-être le commerçant doit-il savoir gré au banquier de son laconisme. S'il insistait pour obtenir des explications, on lui dirait sans doute les causes qui éloignent de lui la confiance. Il n'a que sa probité : il n'est pas *habile en affaires*, c'est-à-dire qu'il croit trop volontiers à la bonne foi des gens; qu'il ne sait pas *farder* sa marchandise, vendre du coton pour de la laine, etc.; qu'il n'a pas le cœur assez ferme pour exploiter la misère de ceux qui vont périr faute d'un léger secours, profiter d'un temps de chômage pour réduire à rien le salaire de l'ouvrier, etc., etc.;

enfin, il saurait qu'il n'entend rien au commerce; en un mot, qu'il n'est pas ce qu'on appelle *bon*, injure sanglante que la délicate urbanité du banquier lui épargne.

Un jeune homme sort des écoles : sa jeunesse s'est consumée dans de longues, sérieuses, fatigantes études. Il se sent fort de son intelligence, de son savoir, de son courage. Le voilà armé de toutes pièces : diplômes, certificats, etc. ; il veut mettre son bagage au service du pays. Qu'il se présente maintenant au ministère, sans autre recommandation que son mérite et sa capacité... S'il trouve porte close, il ne peut s'en prendre à personne. Le ministre était dans son droit.

Un écrivain vient présenter un ouvrage à un éditeur. Vous appelez-vous Lamartine ou Scribe, lui dit celui-ci, Lamennais ou Paul de Kock? Non? En ce cas, je ne puis rien pour vous. Allez porter votre livre ailleurs.

— Mais cet ouvrage m'a coûté dix ans de travail; c'est une œuvre sérieuse, utile; j'ai reçu des encouragements d'hommes compétents, et j'ai tout sujet de croire que mon œuvre a une valeur réelle.

— Mon cher monsieur, en fait de valeur, je ne connais, pour un livre, que la valeur commerciale. Quel que soit le mérite du vôtre, votre nom n'étant pas connu du public, il se peut qu'il reste tout entier dix ou quinze ans dans mon magasin, et la somme de....., que j'aurai dépensée pour son impression, sera perdue pour moi. Si je me ruine à imprimer des livres inconnus, qui viendra à mon secours? Ce n'est pas de la propagande littéraire, scientifique, etc., que je fais, c'est du commerce. Faites-vous une réputation qui donne une valeur commerciale à vos livres, et je suis votre homme.

Peut-on blâmer l'éditeur? Il est dans son droit.

Quand vous parcourez une grande ville, vos yeux et vos oreilles sont incessamment affligés du spectacle de gens qui poussent des hurlements affreux en traînant une brouette chargée de marchandises. Il y en a qui affectent des cris bizarres, des plaisanteries grossières, souvent obscènes. Il s'agit pour ces gens-là de vendre leurs denrées, de les offrir aux passants qui vont et viennent, indifférents, libres d'acheter ou de n'acheter pas.

Quand le malheureux rentre dans son taudis, ramenant, le soir, sa brouette pleine, n'ayant rien ou presque rien vendu, comme je l'ai vu souvent, les poches vides, l'estomac creux, pâle, harassé de désespoir, de honte autant que de fatigue, qui peut-il accuser? Quelqu'un au monde était-il tenu d'acheter ses pauvres denrées?

Un homme de génie trouve une nouvelle force, une machine; c'est une amélioration dans la production, une richesse que la société doit recueillir. Peut-il faire ses essais? Il lui faudrait de l'argent, et il est pauvre. S'il succombe, c'est-à-dire si ses ressources personnelles viennent à se tarir avant que l'expérience ne soit terminée, qui le soutient? Examine-t-on sa découverte, prête-t-on l'oreille à ses explications? Contre les plaintes de sa famille, les reproches et les railleries de ses amis, le mépris du public, trouve-t-il un appui dans nos institutions? Peut-il s'adresser à un jury qui soit tenu de l'entendre, de l'arrêter, s'il s'égare, de proclamer son succès, s'il y a succès? Rien de pareil. Il faut qu'il crie aux quatre vents, qu'il frappe à toutes les portes. Pour se faire écouter seulement, il faut qu'il sollicite, prie, supplie, et les amis, et les amis des amis. Et si toutes les portes lui sont fermées, et si l'indifférence, le mauvais vouloir de gens qui, après tout, ont bien assez de leurs propres affaires, lui opposent un obstacle insurmontable, il ne peut que se taire; car personne n'est forcé de se soucier de ses inventions.

Voilà, dans ce monde, le travail intelligent, fécond, créateur, obligé de lutter seul contre les hasards d'une étude nouvelle, contre son inexpérience, contre la malveillance routinière, contre l'hostilité des intérêts menacés, contre l'apathie et l'insouciance du public, contre l'envie, contre la méfiance qui attend toute innovation, etc., etc. Contre tant d'ennemis, il est seul, il n'a que la force d'un homme. Cette force se mesure à la quantité d'or dont il peut disposer. S'il l'épuise avant d'être arrivé à son but, la misère est là, le désespoir; nul soutien, nul secours à attendre de personne. Quelle que soit la somme de son labeur, la sublimité de ses conceptions, tout est perdu, et pour la société, et pour lui; tandis que le travail brut, inintelligent, la routine, enfin, réussit sans peine et arrive à la fortune.

Ainsi, toujours et partout, dans toutes les zônes de la société, vous trouvez le bon plaisir, nulle part le droit. Ouvriers, commerçants, fonctionnaires, employés, etc., je vous vois tous, chapeau bas, sonnant humblement aux portes, sollicitant de la bonté d'un maître quelconque votre vie, le pain quotidien de votre famille. Le droit de vivre, droit naturel, droit sacré entre tous, nul n'a titre valable en ce monde pour l'exercer; c'est à la pointe de l'épée qu'il doit se conquérir. Il faut batailler sans trêve, toujours sur le pied de guerre, cuirassé de ruse, de fraude, de mensonge, toujours l'oreille au guet, et ne dormir que d'un œil; et malheur à ceux qui dorment! car l'ennemi est toujours là, et se renouvelle sans cesse. Le droit de vivre s'obtient par le travail, dit-on; mais si le travail manque, où le chercher? qui sera tenu de le fournir? Personne. La société doit du pain et du travail à ses enfants. Bien ; mais où est la société? En qui s'incarne cet être collectif, insaisissable, que vous nommez *la société?* Est-ce le ministre, le préfet, M. le maire, ou tout autre mamamouchi? Nullement. Tous ont le droit de vous jeter leur porte sur le nez.

Voilà le droit de vivre! Or, qu'est-ce qu'un droit qui ne trouve aucune prise à s'exercer dans ce monde? qu'est-ce qu'une société où la législation ne fournit aucune sanction à un droit naturel?

Quel est le fondement le plus sûr de la vie des hommes? l'équilibre entre les besoins réciproques. Cet équilibre est, comme on sait, problématique : toujours incertain, flottant. Il peut se rompre aujourd'hui, demain : un caprice, une panique, l'arbitraire le plus absolu en décident seuls; la société n'y peut rien.

C'est au nom de la liberté, liberté du commerce et de l'industrie, qu'on prend la défense de cet état de choses.

La liberté! il suffit qu'une cause invoque son nom pour me déterminer à l'examiner avec gravité. La liberté, pour exister réellement, doit avoir pour limite la liberté de tous. Dès qu'elle la franchit, elle n'existe plus. D'un côté, oppression, de l'autre servitude, voilà les noms qu'elle prend dès lors. Or, voyons ce qui se passe :

Le pauvre qui vit de son travail, dépend de l'industriel, qui peut accepter ou refuser ses services, si bon lui semble.

L'industriel dépend du commerçant, qui peut acheter ses produits, si bon lui semble.

L'un et l'autre dépendént du banquier, qui peut avancer ou refuser ses capitaux, si bon lui semble.

Les uns et les autres dépendent du consommateur, qui peut user des produits de l'industrie et confier ses capitaux au banquier, si bon lui semble.

— Qui donne de l'argent au banquier? qui consomme?

— Vous, moi, tout le monde.

— Pourquoi donc ne consomme-t-on point?

— Parce qu'on ne gagne pas d'argent.

— Pourquoi ne gagne-t-on pas d'argent?

— Parce qu'il n'y a plus de consommation.

— Singulier cercle vicieux! Il y a autre chose. Cherchons; Car ceci ne s'applique qu'au monde travailleur, depuis le gros manufacturier jusqu'au dernier ouvrier. Que signifie ici l'argent qu'on ne dépense point, et qu'on resserre avec tant de soin dans sa bourse? cet argent signifie *force*, et force bien réelle, bien puissante. Dans ce monde qui ne vit, ne se meut que par la concurrence, il est sage de se ménager des forces pour la lutte. Concurrence, lutte, guerre, qu'est-ce au fond, sinon la loi du plus fort? Force des muscles ou force de l'argent, peu importe. La loi du plus fort domine ici; que sert de le nier?

Il s'agit donc d'être *le plus fort*. Et puisque le plus fort est celui qui a le plus d'argent, le vainqueur dans la lutte, celui qui peut imposer sa loi, celui qui n'a besoin de personne et dont tout le monde a besoin, c'est celui qui a assez d'argent pour vivre sans travailler. En un mot c'est le *capitaliste.*

Soit qu'il confie son argent au banquier;

Soit qu'il consomme les produits de l'industrie;

C'est celui-là dont tout dépend, c'est pour lui qu'on travaille, c'est lui qui est libre d'activer quand il lui plaît, ou de suspendre le travail de la société tout entière.

Faut-il encore crier : Vive la liberté!

Nous n'avons pas épuisé ce sujet. Nous y reviendrons plus loin... continuons...

A propos! combien sont-ils, ceux qui peuvent vivre sans travailler?

Deux cent mille propriétaires environ ; à cinq personnes par famille, cela fait un million pour la France, et la France compte trente-cinq millions d'âmes,

II

Nul ne conteste que la vraie richesse consiste dans les produits de la terre, fabriqués ou non. L'argent n'est pas une richesse véritable, il n'en est que le signe représentatif, un instrument d'échange. S'il n'y a plus d'ouvrage à donner aux ouvriers, c'est qu'il y a assez de produits fabriqués, c'est que la vraie richesse est assez abondante dans la société. Or, comme le créateur, en nous mettant sur la terre, nous a donné, non seulement le nécessaire, mais encore, et bien au-delà, le superflu, on doit logiquement en conclure ceci :

Il y a assez de provisions en pain, viandes, fruits, vins, etc., pour nourrir, rassasier et régaler tout le monde, et donner à tous, non-seulement le potage et le bouilli, mais encore, entrées, entremets, dessert, vins, liqueurs, café, pousse-café et le reste.

Il y a assez de maisons bâties pour donner à tous un logement commode, sain et agréable, salon, salle à manger, chambre à coucher, cuisine, cave, grenier, etc.

Il y a assez d'étoffes, de toiles, de soies, de velours, de cuir, etc., pour vêtir, chausser, coiffer, coucher, hommes, femmes et enfants, non-seulement d'une manière chaude et commode, mais encore avec tout le luxe et la coquetterie la plus recherchée.

Etc., etc., etc.....

Quel état heureux! quelle félicité! c'est l'âge d'or, c'est le règne d'Astrée...

Du tout; c'est la misère la plus affreuse.

Voilà qui est étrange... Eh bien! nous vivons au milieu de cette monstrueuse anomalie, et nous la trouvons tout-à-fait logique et naturelle.

Répétons-le pour qu'on le sache bien : c'est l'excès des richesses qui produit la misère.

Les greniers croulent sous le blé, et les populations meurent de faim.

Les étoffes, les laines encombrent les magasins, et des populations vont nues.

Trente mille appartements sont à louer dans Paris, et des populations sont sans abri.

Des jardiniers jettent à la rivière la moitié de leurs légumes qu'ils n'ont pu vendre. Dans certains pays vignobles, on verse sur le fumier les vins de l'année dernière, et vous voyez à Paris des familles disputer aux chiens les restes immondes qu'on a jetés derrière les bornes.

Un habitant de la lune, à qui on expliquerait ceci, ne manquerait pas de dire : « Je ne comprends rien à ce que vous appelez « votre civilisation. Voilà, dites-vous, des populations entières « qui n'ont ni pain, ni abri, ni vêtements, et c'est le défaut de « consommation qui fait votre détresse? et par suite le travail « s'arrête! évidemment vous vous moquez, car tant qu'un homme « a faim, a besoin d'habits, de logement, n'importe de quoi en- « fin, il y a de l'ouvrage à faire, ne fût-ce que pour le vêtir, le « nourrir, le loger. Je ne suppose pas que vos pauvres se privent « de tout par abstinence volontaire; et, sans le savoir, j'affirme « que si vous leur donniez à consommer tout ce que vous avez de « trop, votre commerce ne périrait plus de pléthore. Si c'est la « consommation qui vous manque, laissez-moi faire; et je vous « aurai bientôt trouvé des consommateurs sans aller jusqu'au « bout du monde.

— « Je vous crois sans peine, lui dit-on avec une pointe d'ironie, « surtout si vous leur fournissez de l'argent pour payer.

— « Pourquoi de l'argent? N'ont-ils pas leurs bras? de ce « qu'ils paieraient en nature au lieu de payer en argent, est-ce « une difficulté sérieuse? Le produit du travail n'est il pas une va- « leur réelle dont l'argent n'est que le signe? Ils ne consomment « pas pour rien puisqu'ils produisent; ils ne produisent pas sur- « abondamment puisqu'ils consomment. Au surplus, il est « inexact de dire qu'il y a trop de produits, car les produits sont

« la richesse, et nul n'est trop riche. La preuve que vous n'êtes « pas trop riches, c'est que vous criez misère. Il n'y a ni absence « d'ouvrage à faire, ni surabondance de produits, mais mauvaise « économie, et vice d'organisation. »

« Rien n'est plus facile, ce me semble, que de s'entendre. « Pourquoi donc est-ce qu'on ne s'entend pas? »

Pourquoi, honnête Sélénien? Parce que notre civilisation a des complications et des finesses qui ont troublé des cervelles plus solides que la vôtre. Vous voulez juger ces choses au point de vue de la justice et du bon sens. Hélas! on voit bien que vous venez de la lune! Cette surabondance de richesses produisant la misère vous étonne et vous confond; vous en cherchez la cause; elle n'est que trop facile à trouver. C'est que ce n'est pas la société qui est assez riche; ce n'est pas au profit de l'ensemble des hommes qu'existe cette apparente surabondance de produits; c'est cette minime partie de la population, ces deux cent mille propriétaires dont je parlais tout à l'heure, c'est pour leur usage et leur bien être que s'exercent toutes les forces et toutes les intelligences du reste de la nation. Quand la voiture du rentier est faite, ses meubles en place, ses vêtements confectionnés, sa table garnie, s'il lui plaît d'en rester là, il dit: Assez; je n'ai plus besoin de votre travail, et le travail s'arrête; et la consommation secondaire, celle des travailleurs, dépendant du bénéfice ou salaire qu'ils perçoivent sur le produit consommé par le rentier, s'arrête également.

— Il faut vivre, pourtant.

— Nous n'avons jamais prétendu le contraire.

— Mais notre vie dépend de vos voitures, de vos beaux meubles, de vos beaux habits, de votre luxe, enfin.

— Sommes-nous libres, oui ou non? Il me plaisait d'avoir une voiture hier, je veux aller à pied aujourd'hui; je dépensais deux cents francs par jour pour ma table, il me plaît de réduire ma dépense à quinze francs, à dix, à cinq; ma toilette me coûtait mille écus, je veux n'y mettre que cinq cents francs, si tel est mon bon plaisir. Je veux économiser pour l'avenir, qui est fort incertain : croyez-vous qu'on soit bien rassuré avec vos révolutions?

— Mais notre révolution était juste... fut-il jamais cause plus sainte que la nôtre?.. Nous avons voulu être libres.

— Grand bien vous fasse! Que vous ayez tort ou raison, vous ne me forcerez point d'avoir confiance en vous: vous êtes libres, moi aussi.

Ainsi, le luxe des possesseurs du sol et des capitaux, voilà tout. La société n'a pas d'autre source de vie. Une commotion politique, une panique, un caprice, peut la tarir du jour au lendemain.

La confiance? c'est-à-dire la chose du monde la plus instable, la plus arbitraire, la plus inexplicable, la plus insaisissable, voilà sur quoi repose la prospérité publique, les chances de vie et de mort pour la moitié de la France. Confiance de qui? confiance en quoi? Est-ce la justice, le bon droit, l'habileté, qui retiennent la confiance? Non. Dans les derniers temps de la royauté constitutionnelle, quand chacun disait et proclamait tout haut l'absurdité de cette transaction impossible entre deux principes ennemis; quand, au vu et au su de tous, le flot de la justice populaire montait, montait... quand chacun sentait trembler le sol sous ses pieds... on avait confiance! la rente était à 109. Lorsqu'en février la France eut secoué si facilement ce vieux reste pourri de l'ancienne barbarie, pour faire un pas dans la voie de la justice, la confiance cessa, le capital s'enfuit devant le triomphe de la liberté et du bon droit, et condamna la France à la misère. Étrange situation! tentation terrible pour le peuple! Parce que tels ou tels gens vont s'effrayer au seul nom de la liberté et de la justice, il faudra respecter ces terreurs imbéciles, et choisir entre l'iniquité et la misère...

Il n'y a pas une société dont tous les membres travaillent chacun pour tous, et reçoivent de l'ensemble rémunération et protection;—car une agglomération d'individus dont les intérêts sont réciproquement hostiles n'est pas une *société*. Une véritable société n'existe qu'avec le concours des volontés et la convergence des intérêts. — Il y a, écoutez bien ceci, il y a trente-cinq individus dont l'un fait travailler les trente-quatre autres à son profit, pour son plaisir et son bien-être; les nourrit quand ils travaillent; cesse de les faire travailler et de les nourrir quand bon lui semble.

Pauvre! te voilà averti. Que le gouvernement viole la justice, cela ne te regarde pas; ne t'en plains point, ne crie point, fais silence et sois sage. Là haut, au ministère, dans des régions sublimes et nébuleuses, qui doivent toujours rester inaccessibles à tes regards, il y a des hommes qui s'occupent de tes affaires. S'il te prend fantaisie de savoir si ces choses se traitent avec habileté et probité, prends garde! ta curiosité est indiscrète, sans que tu t'en doutes, factieuse, anarchique; tu vas effaroucher ce rentier qui tient ta vie entre ses mains. Il n'a qu'à resserrer les cordons de sa bourse, et te voilà sans pain.

Cela mérite considération.

Ainsi, partout, je vois la main de l'homme peser sur l'homme; je vois l'homme tenir tout, sa vie, son bien-être, le pain de sa famille, non d'un droit incontesté, comme cela devrait être dans une société organisée, mais du bon plaisir, du caprice.

Je vois les individualités soumises aux intérêts d'autres individualités.

De là, pour tout stimulant, la cupidité et l'égoïsme.

De là, l'anéantissement de la dignité humaine: l'homme étant forcé de mendier, de se courber pour vivre.

De là, une guerre intestine continuelle: lutte de fraudes, de ruse, de violence; la défiance et la haine circulant dans les veines du corps social; chacun voyant dans le voisin un compétiteur, un rival, un ennemi.

Où est la liberté, quand l'un peut dire à l'autre: Obéis à ma volonté, sers mes intérêts, ou meurs de faim?

Où est l'égalité entre deux hommes dont l'un attend pour vivre le bon plaisir de l'autre?

Où est la fraternité?...

J'ai besoin de placer ici la réfutation de deux sophismes, ou plutôt de deux façons de voir fausses, mais qui sont la conséquence nécessaire d'un état social qui, dès le principe, a pris tout à rebours.

C'est d'abord ceci: Le luxe fait vivre le pauvre; l'industriel fait vivre ses ouvriers.

Ensuite cette autre erreur, qui est exprimée par la formule essentiellement inexacte: *Droit au travail.*

Ces deux erreurs se lient; elles viennent de ce qu'on s'est accoutumé à regarder le travail comme le but, non comme le moyen.

Le but, c'est-à-dire le devoir, la mission de l'homme, est d'être utile à la société. Le moyen est le travail.

Le travail est donc un devoir, non un droit.

Quel est le droit? C'est de vivre. Mais si l'homme n'a point d'instrument de travail, la société doit lui en fournir. Elle le doit, non pour lui, mais pour elle-même, puisque c'est à son profit que le travail s'exerce.

Résumons: le travail a pour but, non la satisfaction des besoins du travailleur, mais l'accomplissement d'un devoir.

De ce point de vue, on voit combien il est faux de croire que le luxe, dépense improductive, absorption inféconde de richesse, répand le bien-être. Il fait travailler, en ce sens qu'il fait dériver vers des jouissances personnelles et excessives les forces d'un certain nombre d'hommes qui pourraient produire autre chose.

On a faussé le point de vue général en accoutumant les hommes à considérer comme le but de la vie le travail, ou plutôt le salaire du travailleur, et à mettre en seconde ligne la chose produite; tandis que c'est tout le contraire qui est vrai. L'ouvrier, n'étant alors dans ce monde qu'un instrument de production, une machine vivante, et nul,—individu ou gouvernement,—n'étant tenu de payer l'entretien d'une machine inactive, le résultat inévitable et fatal d'un tel état de choses est que, partout où la quantité de produits est devenue suffisante, il y a des hommes de trop dans le monde...

Alors, — toute catastrophe, toute destruction est un événement heureux.

Toute invention qui simplifie la production est une cause de ruine et de misère pour le peuple.

Quand ils disent à chaque accident qui détruit quelque chose: *Tant mieux! cela fait aller le commerce.....*: ils disent une chose fort sérieuse, et, au point de vue de l'état social actuel, fort sensée.....

Quand ils brisent les machines, ils exercent le droit de légitime défense; car pour eux, toute machine est un ennemi mortel, un monstre qui vient dévorer leurs chairs et briser leurs os.

Alors: — Le luxe devrait être une fonction publique, une chose obligatoire; il devrait y avoir des gens chargés spécialement d'avoir équipages, vêtements magnifiques, chevaux, maîtresses, etc.

La prostitution en grand serait la plus auguste des fonctions. Qui consomme, qui *fait aller le commerce*, comme les filles entretenues? Combien d'honnêtes gens vivent à Paris de la prostitution, et ne s'en doutent guère? Combien de dignes marchands, pères de famille honorables, lecteurs nés du *Constitutionnel*, voient leur boutique prospérer, l'argent affluer au comptoir, peuvent élever dignement et saintement leurs enfants dans la crainte de Dieu, l'horreur des *doctrines subversives*, l'amour de *l'ordre* et *de la propriété*, et ne savent pas qu'ils ne doivent cette prospérité qu'à la prostitution, et que, sans la prostitution, peut-être seraient-ils dans la plus profonde misère, peut-être leurs filles seraient-elles réduites à regretter de ne pouvoir vendre leur pudeur au coin des rues pour un morceau de pain?..

Sans la prostitution, que deviendrait la moitié de Paris et de toutes les grandes villes?

III.

Nous avons parcouru toutes les situations de l'homme dans la société; du moins nous en avons vu assez pour qu'il nous soit bien démontré, et d'une manière irrécusable, que tout, ici bas, doit se *solliciter*; que rien de ce qui est nécessaire à la vie ne peut se revendiquer en vertu d'un *droit*, mais que tout dépend (je ne saurais trop le répéter) du *bon plaisir*, d'une volonté arbitraire, libre d'être ou de n'être pas.

Qu'en résulte-t-il?

Vertu, morale, dignité humaine, je vous vois bien malades. Pour obtenir d'un homme une faveur ambitionnée, il faut plaire à cet homme; il faut se donner autant de maîtres qu'il a de passions, d'intérêts, de vices; maîtres absolus, despotes, qui veulent une discipline sévère. Et non seulement il faut plaire à cet homme, mais lui plaire plus que les autres, car il y a concurrence. Tous ceux qui ont sollicité quelque chose savent combien est effarouchable la susceptibilité du personnage qui peut dispenser une faveur. Il s'agit donc d'évincer les compétiteurs; mais comment? Se mettre un bandeau sur l'œil comme les courtisans du borgne Philippe, se faire beau danseur sous Louis XIV, dévôt sous madame de Maintenon, ivrogne sous le régent, crapuleux sous Louis XV, pourfendeur du socialisme sous la haute banque et les tamerlans qui règnent et gouvernent aujourd'hui, tout cela n'est rien, c'est l'A, B, C du métier; on apprend cela à l'école. Si, après avoir satisfait à ces règles élémentaires de la flagornerie, on compte sur son propre mérite, si l'on va devant soi avec simplicité, bonne foi et loyauté, le rival emploiera la ruse; et comme le dispensateur des grâces n'a ni le loisir, ni le souci de vérifier de quel côté est le mensonge, de quel côté est la vérité, il faut bien opposer ruse à ruse, mensonge à mensonge.

A qui la bonne foi profiterait-elle? à un intrigant. Pourquoi pas à moi tout aussi bien? La bonne foi qui s'exerce au profit de la fraude s'appelle niaiserie.

Aussi tous les hommes savent, — et c'est la première chose qu'ils apprennent en entrant dans ce monde, — que la bonne foi est duperie, et que par là on se livre pieds et poings liés aux ennemis dont on est entouré.

Le ministère dispose de toutes les fonctions et dignités de l'État; il dispense tout cela comme il l'entend, sans contrôle. Quel immense pouvoir! quelle responsabilité terrible! Avoir entre ses mains la fortune publique, la défense nationale, la justice, tout; distribuer tout au gré de son caprice; n'être tenu d'écouter, ni la justice, ni le bien public, ni l'intérêt du service, et pouvoir suivre à volonté les suggestions de tel intérêt personnel, servir telle coterie, telles cupidités, telles ambitions; n'avoir aucune loi, aucune règle supérieure qui vous serve à la fois de frein, de point d'appui et de protecteur au milieu de cet étourdissant concert de sollicitations, d'intrigues, de réclamations, de récriminations dont le ministre est assailli de toutes parts, et cela dans une république, dans un pays de publicité... Il me semble qu'une pareille puissance peserait sur mes épaules du poids d'une montagne.

Eh bien ! cela ne les effraye point.

Entendez-les à la tribune. Oyez ces superbes phrases, cette rhétorique à la Barrot, ces vertueux flots d'eau tiède que le patriotisme officiel verse avec tant de prodigalité dans les larges oreilles du populaire édifié. Quel désintéressement civique! soupçonner ces grands citoyens! ces patriotiques dévouements! Doux Jésus! l'hypothèse seule est un blasphême.

Mais, entrez dans la coulisse, dans le cabinet, au salon, dans les couloirs de la chambre ; partout, enfin, où le comédien politique peut ôter l'habit de son rôle, essuyer son fard, et jugez ces hautes vertus..., puis dites-moi ce que cela pèse.

Comment en serait-il autrement? l'homme est-il de bronze? et est-ce sa faute s'il se trouve placé à chaque pas de sa vie entre deux tentations?

Le représentant parle vertu à la tribune ; mais il a une famille, un fils, un gendre, des neveux, des cousins, etc. Il porte, comme une lourde croix, un grand fainéant de fils qui n'est bon à rien. Il songe à en faire un juge, un sous-préfet, un secrétaire d'ambassade. Il voudrait bien avoir la croix ; sa femme guigne la préfecture du département. Il ne faut pour cela qu'un vote. Des amis obligeants et bien placés en ont déjà touché quelques mots au ministre, et la chose pourra se faire. Demain une question de cabinet sera soumise à l'Assemblée. Le ministre comptera les voix, notera ceux qui se seront assis, ceux qui se seront levés...

Pour l'électeur, même histoire. L'électeur influent, le coq d'arrondissement qui, grâce à l'ignorance et à la misère, voit sous sa dépendance absolue cent, cinq cents, mille volontés ; cet électeur, pas n'est besoin de dire comme il est couché en joue, circonvenu, assailli. S'il vote bien, toute la rosée des bénédictions ministérielles va pleuvoir sur sa maison. Résistera-t-il?

Cet électeur-là s'appelle légion ; il est riche, et il ne s'agit pour lui que d'ajouter à son bien-être. Qu'il succombe, il sera toujours riche, et la tentation de la faim lui est inconnue. Mais quelle est la position des petits? petits boutiquiers, ouvriers, employés. — La question, le plus souvent, est de savoir ce qui adviendra de leur docilité ou de leur résistance. La misère est là, qui attend à la porte.

Me démentira-t-on? Osera-t-on dire que je charge le tableau? Est-ce que cela ne s'avoue pas tout haut? Est-ce que tout le monde, du plus grand au plus petit, est-ce que les plus honnêtes gens, je parle des plus honorables, de ceux à qui s'attachent l'estime et la considération générale, ne sont pas de connivence dans ces capitulations de conscience? Pendant qu'à cent lieues de Paris l'honnête rentier, lisant la gazette à sa famille, pleure d'attendrissement au récit de quelque scène de patriotisme officiel, Dieu sait ce qui se passe dans l'arrière-boutique du ministère!

On sait que, dans les dernières années du règne de Louis-Philippe, une liste à deux colonnes existait dans chaque ministère. D'un côté, les députés bien votants, de l'autre les *aveugles*, les *ennemis*. La consigne était sévère. Ceux de la mauvaise catégorie étaient partout repoussés comme brebis galeuses. Jamais une demande de leur part, tant juste fût-elle, n'avait chance d'être accueillie, ni même examinée; jamais une porte du paradis officiel ne daignait pour eux s'entr'ouvrir; tandis que les autres voyaient s'ouvrir les deux battants. Et cela se faisait à la face du ciel, sans gêne, sans vergogne. On criait dans les corridors, d'un bureau à l'autre : Faut-il recevoir cette pétition, apostillée par Monsieur un tel? — Non, c'est *un mauvais*... Et la pétition était jetée au panier. Deux députés conservateurs s'occupaient de concert de la même affaire; il s'agissait de réclamer en faveur d'un estimable fonctionnaire, père de famille, qu'un tripotage électoral devait priver d'une justice qui lui était due. L'un des deux honorables avait voté pour l'indemnité Pritchard, pour tout... il votait quand même et obtenait tout. L'autre, quoique conservateur, avait conservé un reste de scrupule. Sa docilité avait reculé devant je ne sais quelle monstruosité, et on l'avait inexorablement classé dans la catégorie proscrite. Un matin, le pritchardiste, sortant du sanctuaire ministériel, rencontre son collègue, qui arrivait pour la même affaire. — Que venez-vous faire ici, malheureux? s'écrie-t-il, allez-vous-en bien vite. L'affaire va bien; mais si l'on voit le bout de votre nez ici, je n'en réponds plus...

Et cette infamie, je le répète, était publique. Mieux que cela : on avait soin de le faire savoir à tous, afin que tous se tinssent pour bien et duement avertis. Et pas un député de l'ancienne chambre n'a eu la probité de dénoncer cette vilenie à la France du haut de la tribune ; et lorsque les ministres venaient faire parader effrontément leur vertu, nul n'a eu le courage de la leur cracher à la face ! Et la chambre actuelle, pour le dire en passant, est peuplée d'anciens députés !..

Tout cela ne fait pas un pli dans le monde, bien au contraire. Écoutez et voyez ce qui se passe dans le monde des *honnêtes gens*, des *vrais* amis de l'ordre, le monde des magistrats, le monde honorable enfin. Tel personnage notable était connu pour son apposition virulente au ministère. Le fracas de son libéralisme emplissait tout un département. Les jours d'élection, son nom était un drapeau. Les gamins allaient jeter des pierres dans les vitres du député conservateur en criant : Vive monsieur *chose* ! etc.. etc. Voilà qu'on apprend tout à coup que monsieur *chose* a fait volte face ; il fulmine aujourd'hui contre les passions anarchiques, reçoit à sa table le député bien pensant, et met toute son influence au service de sa canditature. — Comment croyez-vous qu'on accueille la nouvelle ? Très-bien, je vous assure. Des gens bien élevés ne font pas de bruit pour si peu. — Je conçois, allez-vous me dire ; la coupable indulgence du monde excuse ces sortes de choses... Indulgence ! excuser !... Rayez ces mots ; c'est beaucoup mieux, on approuve hautement. — Pourquoi donc monsieur *chose* a-t-il changé ainsi d'opinion ?

— C'est qu'il veut avoir la croix.

— Ou bien... son fils vient de terminer son droit ; il s'agit d'en faire un substitut.

— Ou bien... il désire obtenir pour son gendre un changement de résidence ; la mère aime beaucoup sa fille et voudrait l'avoir près d'elle.

On loue fort la sage prévoyance de Monsieur. Les femmes s'extasient avec force phrases sentimentales sur la tendresse maternelle de Madame. On trouve généralement cette conduite très-raisonnable ; agir autrement eût été faire acte de fou. Et le personnage est partout honoré, considéré, environné d'estime et de respect.

Et Jacques Bonhomme...., qui avait en lui une confiance aveugle , qui ne sait pas le fin mot de l'histoire et qui, sur la foi d'un patriotisme si retentissant, a été porter dans l'urne le nom qu'on lui a donné? qui s'en occupe?

Et pourtant, qu'est-ce que tout cela? Comment qualifier la conduite du ministre, du représentant, de l'électeur? Dans tous les pays du monde cela s'appelle : abus de confiance, violation de mandat, trafic de conscience, trahison.

Continuons notre revue. Je n'ai pas tout dit sur la grave question des emplois publics ; j'y reviendrai.

Que se passe-t-il dans les régions du commerce et de l'industrie? Le marchand a intérêt de vendre. Ce que le voisin vendra, c'est tout autant qu'il ne vendra point. Il s'agit donc d'empêcher l'acheteur d'aller chez le voisin. Comment faire? — Si je montre ma marchandise telle qu'elle est, avec ses qualités et ses défauts, l'autre *fardera*, comme on dit, la sienne. Le chaland prendra le chemin de l'autre maison ; et moi, je resterai en face de mes coupons de drap et de ma conscience pure. J'aurai de quoi m'habiller toute ma vie, moi, ma femme, mes enfants, etc. ; mais rien à mettre au pot. La fin du mois viendra, et le terme, et les échéances... et rien dans le tiroir. — Il faut donc, de toute nécessité, que je *farde* aussi ma marchandise ; il faut que je dissimule ses défauts, que j'exagère ses qualités. Il faut déprécier celle du voisin ; il faut attaquer sa bonne foi, sa loyauté, car il en fait autant de son côté. Il le faut! sans quoi je ne vendrai rien. Il le faut, sous peine de ruine, sous peine de misère, sous peine de mort.....

Qu'est-ce que cela, sinon le mensonge, la fraude, le vol, en un mot?

Hélas! il faut vendre, et l'acheteur est libre d'aller où il lui plaît.

Le commerçant qui fait le courtage va de porte en porte affronter les accueils bourrus, les rebuffades, les insolences. Pilules amères qu'il doit avaler d'un air aimable et le sourire aux lèvres! S'il va chez le banquier, on le reçoit avec une impolitesse grossière. Il faut subir toutes ces humiliations, car c'est la vie qui est en jeu.

L'employé, l'ouvrier, que le maître peut chasser quand il lui plaira, se relèvera-t-il dans sa juste fierté? L'injustice et l'insolence, les duretés et les caprices peuvent se donner carrière. Il faut abjurer la dignité de l'homme, ramper sous les pieds d'un autre homme. Fais taire, malheureux, ton cœur qui se révolte; dévore ta rage, bois l'affront; cours au cabaret, si tu veux, pour y cuver ta colère; brise, en rentrant chez toi, tes meubles, ta vaisselle, ton pauvre ménage, bats ta femme et tes enfants; mais devant le maître tais-toi!... sois humble et docile; car la misère est à la porte, le diable au fond de ta bourse, et les petits demandent du pain....

Allons encore, descendons..... L'ouvrière de vingt ans sait que le maître, que le contre-maître peut la faire chasser s'il lui plaît. Elle n'a pour vivre que son labeur quotidien et son mince salaire; souvent elle a une vieille mère à nourrir, un petit frère à élever... —Sois sage, ma fille; tu as entendu le superbe sermon que M. le curé a prononcé dimanche contre le libertinage du siècle et le relâchement des mœurs, etc. Après la messe, le saint homme a dîné chez la marquise de....., qui a un si beau château qu'on peut voir d'ici. M. le maire et ton patron y étaient. On a fort loué le sermon, et au dessert, la conversation s'étant échauffée à la douce chaleur des vins généreux, des fines liqueurs, et au parfum exquis du moka, il faisait beau voir avec quelle édifiante indignation on a flétri les filles qui trafiquent de leurs corps pour quelques misérables deniers! Si ce malheur t'arrivait jamais, ma pauvre fille, comment oserais-tu soutenir la présence d'aussi vertueux personnages?

J'ai plaint les commerçants cette année. Toutefois, il paraît qu'un grand nombre de manufacturiers ont beaucoup moins souffert de la crise que je ne l'avais cru d'abord. Une foule d'ouvriers se trouvant sans ouvrage, beaucoup durent se contenter d'un salaire d'une modicité extrême, et les fabricants qui avaient quelques fonds en réserve réalisèrent de notables bénéfices en produisant presque pour rien. La misère des ouvriers fut pour eux une mine féconde qu'ils surent exploiter. Doit-on les blâmer? Nullement. Ce n'est pas à eux qu'il faut s'en prendre. Engagés dans cette mêlée terrible qu'on appelle concurrence, ils ramassent les armes qui se trouvent là, à leurs pieds. Ils doivent le faire s'ils ne veulent périr.

J'ai connu un cordonnier, honnête homme, estimé partout et justifiant la confiance; on pouvait, certes! lui donner sans danger sa bourse à garder. Que faisait-il pourtant? Il exploitait la misère d'un vieil ouvrier en chambre qui lui fabriquait des tiges de bottes.

— Ah! te voilà, Jacques; que veux-tu?

— Voilà des tiges que je viens vous offrir.

— Tu n'as pas de chance, mon cher, j'en ai plein mes armoires.

— Monsieur, vous me rendriez service; car j'ai besoin d'argent.

— Dam! s'il s'agit de te rendre service, voyons! combien?

— Six francs.

— Veux-tu bien te taire et t'en aller avec tes tiges. Six francs! tu te moques; je n'en veux point.

— Ah! monsieur, j'ai grand besoin d'argent...

— Eh bien! voyons; en vérité, je suis trop bon. D'abord, en voilà cinq ou six que tu peux reprendre, car je ne veux point d'une pareille drogue. Du moins, je n'en donne pas plus de trois francs. Quant aux trois qui restent, elles valent cent sous; c'est à prendre ou à laisser. Et remercie-moi, car c'est uniquement pour te rendre service que je fais cette affaire.

L'autre acceptait et s'en allait avec son argent, ne sachant s'il devait maudire ou bénir....

Je veux, pour terminer, raconter une scène douloureuse dont j'ai été témoin il y a quelques mois, et qui m'a montré sous un triste jour cette effrayante vérité : que, dans notre ordre social, la vertu et la fidélité à ses convictions sont choses de luxe, à la portée seulement des riches. Vérité qui a été formulée, à ma connaissance, d'une manière fort brutale, en ces termes, par un monsieur très-honorable : « Quand on est pauvre, on ne doit pas avoir d'opinion. »

— M. Sénart a dit, en termes plus mesurés, une chose absolument identique, lors de la discussion du cautionnement des journaux : « Une opinion *sérieuse* trouvera toujours l'argent nécessaire au cautionnement. »

J'accompagnais dans les rues de Paris un de mes vieux amis d'enfance, ardent républicain, mais pauvre comme Job. Il faisait des démarches pour obtenir un modeste emploi. Le pauvre garçon était dans une terrible détresse ; rien jusque là ne lui avait réussi. Il faut que je raconte son histoire. Pour n'être pas longue, elle n'en est pas moins instructive. Orphelin fort jeune, il s'était marié de bonne heure, et avait embrassé la profession d'avocat, qui, dans ses rêves d'adolescent, lui apparaissait comme une brillante carrière. La déception ne se fit pas attendre : ingrat travail, dégoûts de toute sorte, et pas de profit. Une extrême timidité, défaut mortel pour un avocat, la nécessité de plaider avec un égal aplomb le pour et le contre ; le dur servage auquel, dans les petites villes surtout, les divers huissiers, avocats de pignon, agents et tripoteurs d'affaires, soumettent les débutants du barreau, auxquels ils dispensent à leur gré la pâture, accaparant, au préjudice du savoir consciencieux, la confiance des plaideurs; tout cela lui fit abandonner une profession qui lui devenait rebutante et impossible. Les malheurs vinrent bientôt. Une société par actions (une houillère ou ardoisière, je crois), à laquelle il avait confié sa petite fortune et la dot de sa femme, fit banqueroute. Tout s'en alla, — en Belgique ou ailleurs, — et la ruine fut complète. Un ami parvint à le faire nommer substitut. Il vivait paisible de son modeste traitement, lorsqu'un ministre, craignant pour la solidité de sa candidature à la députation dans un arrondissement voisin, voulut y placer un procureur du roi à sa dévotion. C'était une affaire. Il s'agissait d'avoir là une famille nombreuse, influente, qui pût donner un bon coup d'épaule aux prochaines élections. Pendant plusieurs mois, tout le personnel de la circonscription de cette cour royale fut en émoi. Il y avait là, comme toujours, une foule d'ambitions, d'intrigues, d'exigences, à travers lesquelles il fallait voguer adroitement sans se briser aux écueils. Enfin, on s'arrêta à une combinaison qui semblait satisfaire tout le monde (quand je dis : *tout le monde*, je parle des gens qui peuvent être utiles ou nuisibles ; les autres ne comptent point). Mais il fallait sacrifier un substitut ; et comme il était le plus pauvre, le seul qui eût besoin de sa place pour vivre, mais le seul aussi qui eût le tort de ne pas être électeur et de ne pas avoir une famille puissante à faire manœuvrer au profit de l'ambition ministérielle, ce fut sur lui que la foudre tomba. On exhiba je ne sais quelle conversation où il avait pris la liberté grande—trop grande pour un petit substitut—d'avoir une opinion à lui; on lui fit entendre qu'il eût à donner sa démission, et il se retira. Que faire? il fallait vivre. Il finit par trouver un emploi de commis, dans une maison de banque, à Paris. Deux ans se passèrent, pendant lesquels il vécut modestement, à peu près heureux. Vint la révolution de février. Il se battit au poste du Château-d'Eau, et, la victoire remportée, il rentra chez lui, sans avoir eu l'idée de suivre à l'Hôtel-de-ville le courant des solliciteurs, et d'exploiter, comme tant d'autres n'eussent pas manqué de le faire, le tripotage électoral dont il avait été victime. Au bout de quinze jours ou trois semaines, la maison de banque fit la culbute, et mon pauvre ami se trouva encore sur le pavé, avec une femme enceinte et deux petits enfants. Il lui vint alors en pensée de mettre à profit les droits dont je parlais tout à l'heure; mais il n'était plus temps : toutes les places étaient prises.

Il vécut comme il put, épuisant ses petites économies, ce qui fut bientôt fait. Les quelques bijoux et tout ce qui, dans le pauvre ménage, en valait la peine, s'en alla successivement dans le gouffre sans fond du prêt sur gage. La misère montait. Il trouva à écrire dans un journal démocratique. Son style et ses idées furent goûtés des chefs; il put se croire dans une bonne voie... L'insurrection de juin arriva, et, quelques jours après, le journal fut suspendu et ruiné au nom de l'ordre et surtout de la *liberté* et de la *propriété*. Alors il se mit à chercher, chercher toujours; il parcourut Paris dans tous les sens, depuis le matin jusqu'au soir; peines perdues! Chaque soir, il revenait au logis, épuisé de fatigue, le désespoir dans l'âme; qu'a-t-il à répondre à sa femme qui pleure? Rien. Toujours un faible espoir qui fuit et s'évanouit tous les jours...

Je l'accompagnais, dis-je, lorsque nous rencontrâmes un ancien camarade de collége, que nous n'avions pas vu depuis plusieurs années. Celui-là était tout le contraire de mon ami : un gros garçon, rougeaud, gras, heureux, satisfait de lui-même, et trouvant que tout est pour le mieux dans le meilleur des mondes possibles. Tout lui avait réussi : sa famille, riche, influente, lui avait fait le chemin facile. Jeune encore, il occupait un emploi important et grassement rétribué. L'extrême insignifiance de ces sortes de personnages les met le plus souvent à l'abri des attaques de l'envie, et les révolutions glissent sur leur existence sans les entamer. La conversation roula sur la politique, — c'est un sujet difficile à éviter aujourd'hui, — et notre homme heureux était, on le conçoit, un chaud partisan de la République *sage et modérée.*

— A propos, dit-il à mon ami, qui venait d'exprimer avec énergie son indignation à l'endroit des hideuses violences et des calomnies infâmes dont certaines feuilles, le *Constitutionnel* surtout, souillaient alors leurs colonnes, à propos! tu cherches un emploi, dis-tu? J'ai ton affaire. Je sais dans une ville de province un journal qui cherche un rédacteur en chef. Cela t'irait comme un gant.

— Certes, dit mon ami, dont le visage s'illumina.

— C'est une affaire superbe ; quatre mille francs de traitement, plus une part dans les bénéfices. Le rédacteur qui vient de se retirer y a fait sa fortune.

— Comment te témoigner ma reconnaissance! Je cours annoncer cela à ma pauvre femme!

— J'espère bien, dit l'autre, que tu vas être raisonnable. Il va falloir mettre un peu d'eau dans ton vin démocratique.

— Comment?

— Cela va sans dire, parbleu! Crois-tu donc que *ces messieurs* vont payer un journal pour battre en brèche les intérêts de leur parti?

— Et... quelle est la couleur de ce parti?

— C'est celle du *Constitutionnel.*

Je le vis pâlir et je le sentis chanceler. Toutefois, il se remit. Un instant de silence glacial se passa. Enfin :

— Que le diable t'emporte! dit-il. Puis il me saisit le bras et m'entraîna rapidement, laissant l'autre stupéfait et planté comme un terme au milieu de la rue. Le digne garçon n'y comprenait rien.

— Je n'ai plus la force de continuer mes courses aujourd'hui, me dit-il quand nous fûmes loin. Reconduis-moi jusque chez moi. — De grosses larmes roulaient le long de ses joues. Nous regagnâmes le pauvre logis, asile de la misère, triste et démeublé, et je racontai à sa femme la scène qui venait d'avoir lieu. Les femmes prisent peu la vertu politique; leurs enfants avant tout. Pour la première fois la colère entra dans l'âme de cette douce créature, pour la première fois une querelle sérieuse éclata dans ce calme ménage, où jusqu'ici la paix et l'amour avaient défié le malheur.— La misère et la discorde... c'était trop. Mon pauvre ami succomba. Il embrassa d'un long regard sombre sa femme, pâle et amaigrie par le travail d'une grossesse avancée, puis les deux pauvres petits anges qui pleuraient, effrayés d'une scène si nouvelle. Enfin, levant sur moi ses yeux fiévreux : Allons..... me dit-il.

— Où vas-tu?

—Chez..... J'accepte.

Le nouveau protecteur n'eut garde de laisser échapper une si belle occasion de morale..... « Ces beaux dévouements politiques « ne sont bons que pour ceux dont la position est indépendante. « Ce puritanisme est le partage des fous, des têtes sans cer- « velle, etc..... On se doit à sa position, à ses intérêts, aux inté- « rêts de sa famille... Tous les *honnêtes gens*, les gens *sensés*, les « hommes *sérieux* approuveront ta résolution, etc., etc. »

Bref, il signa, la rougeur au front. Aujourd'hui, il déblatère contre l'*anarchie*, foudroie les *doctrines subversives*, insulte à tant la ligne les *Lamennais*, les *Proudhon*, les *Pierre Leroux*, les *L. Blanc*, etc.; rappelle, à propos des plus sages propositions de réformes, l'échafaud de 93, et fait de magnifiques charges à fond sur la *république rouge*. La rage communique à son style une verdeur d'acrimonie qui donne au journal un succès fou.

Il se console en m'écrivant quelquefois. Ses lettres sont empreintes d'une résignation froide; c'est le désespoir, on le sent, que recèle cette pauvre âme. Un mot terrible d'une de ses lettres résume toute sa correspondance.

— Je ne sens plus mon cœur, disait-il.

Je demande humblement pardon au lecteur de l'avoir arrêté si longtemps sur cette aventure, mais je ne pouvais supprimer aucun des détails. Beaucoup, hélas! y reconnaîtront leur propre histoire. Je devais la raconter, car il ne faut pas craindre de soulever les voiles et de faire toucher du doigt les plaies saignantes qu'il s'agit de guérir. Pour un estomac gâté, les aliments les plus sains deviennnent poison. Dans un organisme social dont le principe est faux, tout aboutit forcément au mal, au désordre, à l'iniquité.

Les sentiments les plus honorables et les plus tendres, les vertus de famille les plus pures, l'amour conjugal, l'amour paternel sont causes de corruption.

La prospérité publique n'a pas de source plus certaine, plus abondante que la débauche, l'intempérance, les plus viles, les plus honteuses passions. Le moraliste qui trouverait moyen de rendre générales la chasteté, la sobriété et toutes les vertus, ruinerait d'un coup l'industrie, le commerce, et causerait une épouvantable misère.

L'invasion des armées ennemies, honte et malheur pour la France, fit, en 1815, la prospérité du commerce parisien.

L'invasion d'une vertu, telle que la chasteté ou la tempérance, serait pour le commerce une calamité plus terrible qu'un incendie ou une inondation.

Voilà les éléments de moralité qui constituent la société actuelle, vénalité, fraude, intrigue, prostitution du corps et de la pensée, abjuration de toute dignité, etc. ; cercle fatal dont on ne peut sortir sous peine de mort !

Vous avez beau décréter la vertu, le désintéressement, le sacrifice, on vous répondra : Je veux bien renoncer à la fraude, mais mon voisin y renoncera-t-il ? Je veux bien aller dans ce monde comme en pays ami, déposer les armes de la ruse et de l'intrigue, mais me répondrez-vous de la loyauté des autres ? Je veux bien être désintéressé, mais au profit de la société, et non pas seulement des égoïstes. Tant que tous ne seront pas prêts à se dévouer, ceux qui se dévoueront ne le feront qu'au bénéfice de ceux qui ne se dévoueront pas.

C'est ainsi que raisonne le peuple, et il raisonne bien. Ainsi l'immoralité est partout ; elle gouverne le corps social, elle en est une nécessité, un des éléments constitutifs ; c'est elle qui court dans ses veines. Faut-il s'en prendre aux hommes, attaquer tels ou tels ? Non. Tous subissent cette loi fatale ; tous, depuis le premier jusqu'au dernier, sont placés entre leur conscience et leur pain.

Du jour où il faut pour vivre solliciter le bon plaisir d'un homme, il se fait autour de cet homme une émulation de dévouement à ses intérêts.

Tout alors se subordonne à l'intérêt. L'intérêt domine tout, et le devoir périt. Voilà pourtant ce qui règne partout. Voilà dans quelle atmosphère empestée se meut l'humanité.

Quel profond et énergique sentiment du juste faut-il qu'il y ait dans les âmes, pour que la société ait pu jusqu'à présent résister à ce dissolvant effroyable !

Inscrivez sur vos murs : LIBERTÉ, ÉGALITÉ, FRATERNITÉ. Mettez ces mots en tête de vos actes. Mes yeux n'y voient que du noir sur du blanc.

La *liberté* est-elle pour le pauvre, qui n'a que le choix entre se faire votre esclave, le serf de votre machine, le serviteur de votre oisiveté, ou mourir de faim ?

L'*égalité* existe-t-elle pour ce malheureux qui va tous les jours gratter à votre porte, que vous rudoyez avec insolence, et qui revient sans cesse parce qu'il a faim ?

Est-ce bien de la *fraternité* qui vous unit à celui que vous forcez, sous peine de famine, à filer votre coton, cirer vos bottes, etc., à prostituer sa sœur ou sa fille ?

Est-ce qu'il en sera toujours ainsi ? Est-ce que la destinée de l'humanité est de vivre dans ces affreuses tentations ? Quelques-uns, aujourd'hui, répondent : non ! et cherchent à frayer dans la nuit de l'inconnu une route meilleure. Mais les privilégiés, les repus, ceux qui vivent à l'aise, sans souci de l'avenir, ceux pour qui l'on sue et l'on travaille, ceux qui n'ont jamais connu ni privations, ni souffrance, ni inquiétude du lendemain, se mettent à pousser des cris terribles, et appellent cela : *doctrines subversives, folles utopies*, etc. Nous en reparlerons. Sans nous arrêter à ces clameurs de l'égoïsme, nous pouvons dès aujourd'hui répondre aussi : Non ! cette malédiction n'a pas été jetée sur l'homme ! Déjà l'on peut voir et apprécier la cause du mal ; l'intelligence humaine s'élève, et marche par larges étapes dans la voie d'un meilleur avenir; déjà l'antique fatalité a fait place à l'espérance. Hélas! le chemin est bien sombre encore, rude, difficile, semé d'embûches, de ronces, de précipices. La Providence est prodigue d'hommes; des cadavres marquent la route. Beaucoup y laisseront des lambeaux de leur chair et des traces sanglantes. Des foules y succomberont encore. Mais levons les yeux; au loin, nous voyons l'horizon s'éclaircir. A travers les sombres vapeurs du passé qui peu-à-peu se dissipent, on peut aujourd'hui distinguer le but du voyage et ce but s'appelle : JUSTICE, ÉGALITÉ.

CONCLUSION.

Le mal du monde est un désordre profond. Tout désordre social résulte, nul ne peut me démentir, d'une liberté qui n'a point de contre-poids dans la loi; d'une liberté qui, faute d'un pouvoir modérateur, s'étend à l'infini, sans mesure, et envahit sans obstacle la même liberté chez autrui. De là, il est facile de le concevoir, absence d'équilibre, perturbation.

Quelle est la liberté dont il s'agit ici? C'est la liberté de conquête sur le monde matériel.

Or, qui donc, dans cette cause invoque la liberté?

Quand le cri de liberté vient des petits et des faibles, je le conçois sans peine; mais quand il vient des forts, j'entre en défiance. Quel besoin les forts ont-ils que leur liberté soit si bien protégée? Inutile de dire qu'ici ce sont les forts qui crient : Liberté!

Étrange abus des mots! Que d'équivoques et de contre-sens sur le mot liberté! Si l'on voulait sincèrement s'entendre, on verrait bien vite qu'il faut faire ici une distinction importante. Il y a deux sortes de libertés : d'abord, la liberté individuelle, la libre disposition de son corps et de son âme, droit sacré, éternel, inviolable; puis la liberté qui s'exerce sur le monde extérieur; c'est-à-dire, le pouvoir de disposer de ce qui n'est pas soi, de ce qui constitue la richesse publique.

C'est là ce qui constitue la liberté de l'industrie et du commerce. Or, je vous le demande, est-ce là un droit qui ne puisse être restreint sans blasphème et soumis au contrôle modérateur de l'autorité?

Ce droit de conquête sur la terre peut-il s'étendre à l'infini ? et, s'il est accordé à l'homme pour subvenir à ses besoins, est il conforme à la justice, à l'utilité commune, qu'il puisse s'étendre au-delà de cette mesure et s'élargir sans cesse jusqu'à absorber la part des autres ?

Qu'est-ce que l'ordre ? C'est une limite imposée à l'abus de la la force.

Mais il y a deux manières d'être fort.

On est fort : 1° corporellement ;
2° par la richesse.

C'est au nom de la liberté qu'on a réprimé les abus de la première espèce de force. Qui invoquait alors la liberté ? Les faibles.

Si les forts eussent crié alors : Liberté ! on leur aurait dit : Mais quelle liberté demandez-vous, sinon la liberté d'oppression ?

Aujourd'hui que la loi réprime (suffisamment ?) les excès de la force corporelle, nous sommes en face de la force de la richesse. Les forts invoquent la liberté : quelle liberté demandent-ils ?

De quelque part que vienne la force, l'abus prend les noms de désordre, licence, anarchie.

Si la loi n'y mettait bon ordre, l'hercule pourrait dire à l'enfant, l'homme armé d'un pistolet pourrait dire au passant : Tu vas me servir d'esclave ou je te tue. Aujourd'hui, l'homme armé de cent mille francs peut dire au prolétaire qui n'a rien : Tu fileras mon coton ou tu mourras de faim.

Dans les deux cas, l'homme attaqué est libre, — le premier de se laisser assommer, — le second, de mourir de faim.

Mais l'homme armé de cent mille francs n'est pas libre non plus ; celui qui est armé d'un million peut lui imposer aussi ses volontés.

Il est donc de la dernière évidence que nous sommes sous l'empire de la loi du plus fort, et qu'il y a dans la société une force qui n'est pas celle de la loi.

Ce n'est ni plus ni moins qu'une anarchie des mieux caractérisées.

Paris. — Imprimerie Desoye et Cᵉ (ouvriers associés), 32, rue de Seine.

www.ingramcontent.com/pod-product-compliance
Ingram Content Group UK Ltd.
Pitfield, Milton Keynes, MK11 3LW, UK
UKHW021534260726
13993UKWH00004B/1985